水經卷第三十三

漢桑欽撰　後魏酈道元注

江水一

岷山在蜀郡氐道縣大江所出東南過其縣北

岷山即瀆山也水曰瀆水矣又謂之汶阜山在徼外江水所導也益州記曰大江泉源即今所聞始發羊膊嶺下緣崖散漫小大百數殆未濫觴矣東南下百餘里至白馬嶺而歷天彭闕亦謂之爲天谷也秦昭王以李冰爲蜀守冰見氐道縣有天彭山兩山相對其形如闕謂之天彭門亦曰天彭闕江水自此已上至微弱所謂發源濫觴者也漢延平中岷山崩壅江水三日不流楊雄反離騷云自

岷山投諸江流以弔屈原名曰反離騷也

江水自天彭闕東逕汶關而歷氐道縣北

漢武帝元封四年分蜀郡北部置汶山郡以統之縣本秦始皇置後爲昇遷縣也益州記曰自白馬嶺回行二千餘里至龍涸又八十里至西陵縣又南下六十里至石鏡又六十餘里而至北部始百許步又西百二十里至汶山故郡乃廣二百餘步又西南百八十里至濕坂江稍大矣故其精則井絡纒躍江漢昞靈河圖括地象曰岷山之精上爲井絡帝以會昌神以建福故書曰岷山導江泉流深遠盛爲四瀆之首廣雅曰江貢也風俗通曰出珍物可貢獻釋名曰江共也小水流入其中所公

共也東北百四十里曰峽山中江所出東注于大江峽山卭峽山也在漢嘉嚴道縣一曰新道南山有九折坂夏則凝冰冬則毒寒王子陽按轡處也平恒言是中江所出矣郭景純江賦曰流二江於崌崍又東百五十里曰崌山北江所出東注于大江山海經曰崌山江水出焉東注大江其中多怪蛇江水又逕汶江道汶出徼外岷山西玉輪坂下而南行又東逕其縣而東注于大江故蘇代告楚曰蜀地之甲浮船於汶乘夏水而下江五日而至郢謂是水也

又有湔水入焉

水出綿道亦曰綿虒縣之玉壘山呂忱云一曰半

浣水也下注江

江水又東別爲沱

開明之所鑿也郭景純所謂玉壘作東別之標者也縣即汶山郡治劉備之所置也渡江有笮橋

江水又歷都安縣

縣有桃關漢武帝祠李冰作大堰於此堰於江作堋堋有左右口謂之湔堋江入郫江撿江以行舟益州記曰江至都安堰其右撿其左其正流遂東郫江之右也因山頽水坐致竹木以溉諸郡又穿摩江灌江西於玉女房下作三石人於白沙郵郵在堰官上立水中刻要江神水竭不至足盛不沒要是以蜀人旱則藉以爲溉雨則不遏其流故記

曰水旱從人不知饑饉沃野千里世號陸海謂之天府也俗謂之都安之堰亦曰湔堰又謂金堤左思蜀都賦云西踰金堤者也諸葛亮北征以此堰農本國之所資以征丁千二百人主護之有堰官益州刺史皇甫晏至都安屯觀坂從事何旅曰今所安營地名觀上夫在下其徵不祥不從果爲牙門張和所殺江水又逕臨邛縣王莽之監邛也縣有火井鹽水昏夜之時光興上照江水又逕江鄉縣王莽更名邛原也詩江水出焉江水又東北逕郫縣下縣民有姚精者爲叛夷所殺掠其二女二女見夢其兄當以民曰自沈江中喪後日當至可伺候之果如所夢得二女之尸於水郡縣表異焉

江水又東逕成都縣縣以漢武帝元鼎二年立縣有二江雙流郡下故楊子雲蜀都賦曰兩江珥其前者也風俗通曰秦昭王使李冰爲蜀守開成都兩江溉田萬頃神歲取童女二人爲婦冰以其女與神爲婚經至神祠勸神酒酒杯恒澹澹冰厲聲以責之因忽不見良久有兩牛鬭於江岸傍有間冰還流汗謂官屬曰吾鬭大極當相助也南向腰中正白者我綬也主簿刺殺北面者江神遂死蜀人慕其氣决凡壯健者因名冰兒也秦惠王二十七年遣張儀與司馬錯等滅蜀遂置蜀郡焉王莽改之曰導江也儀築成都以象咸陽晉太康中蜀郡爲王國更爲成都内史益州刺史治地理風俗

里曰升遷有送客觀司馬相如將入長安題其門
曰不乘高車駟馬不過汝下也後入邛蜀果如志
焉學冰沿水造橋上應七宿故世祖謂吴漢曰安
軍宜在七相連星間漢自廣都乘勝進逼成都與
其副劉尚南北相望夾江爲營浮橋相對公孫述
使謝豐楊軍市橋出漢後襲破漢墜馬落水緣馬
尾得出入壁命將夜潛渡江就尚擊豐斬之於是
水之陰江北則左對繁田文翁又穿湔溲以溉灌
繁田一千七百頃江水又東絶緜洛逕五城界至
廣都北岸南入于江謂之五城水口斯爲北江水
又東至南安爲壁玉津故左思云東越玉津也
又東南過犍爲武陽縣青衣水沫水從西南來合而

注之
縣故大夜郎國漢武帝開道置以爲縣太初四年
益州刺史任安城武陽建元六年置王莽更名西
順縣曰戢成光武謂之士大夫郡有鄣江入焉出
江源縣首受大江東南流至武陽縣注于江縣下
注上舊有大橋廣一里半謂之安漢橋水盛歲壞
民苦治功後太守李嚴鑿大杜山尋江通道此橋
遂廢縣有赤水下注江建安二十九年有黄龍見
此水九日方去此縣藉江爲大堰開六水門用灌
郡下北山昔者王喬所升之山也江水又與文井
江會李冰所導也自莋道與濛溪分水至蜀郡臨
邛縣與布僕水合水出徼外成都西沈黎郡漢武

元封四年以蜀郡西部邛莋理旄牛道天漢四
年置都尉主外羌在邛來山表自蜀西渡邛莋其
至險有弄棟八渡之難揚毋閣路之岨水從縣西
布僕來分爲二流一水逕其道又東逕臨邛縣入
文井水文井水又東逕江都縣濱文井江江上
有長堤堤跨四十里有朱亭亭南有青城山山上
有嘉穀山下有蹲鴟即芋也所謂下有蹲鴟至老
不饑卓氏之所以樂遠徙也文井江又東至武陽
縣天社山下入江其一水南逕越巂邛都縣西東
南至雲南郡之蜻蛉縣郡本雲山地也蜀建興三
年置僕水又南逕永昌郡邪龍縣而與貪水合水
出蜻蛉縣上承蜻蛉水逕葉榆縣又東南至邪龍入

于僕僕水又逕寧州建寧縣州故庲降都督屯故
南人謂之屯下劉禪建興三年分益州郡置歷雙
柏縣即水入焉水出秦臧縣牛蘭山南流至雙柏
縣東注僕水又東至來唯縣入勞水水出徼外東
逕其縣與僕水合僕水東至交州交阯郡麊泠縣
南流入于海江水自武陽東至彭亡聚昔岑彭與
吳漢泝江水入蜀軍次是地知而惡之會日暮不
移遂爲刺客所害亦謂[illegible]平謨水曰外水此地有
彭冢言彭祖冢焉江水[illegible]東南逕南安縣西有熊
耳峽連山競險接嶺爭高河平中山崩地震江水
逆流懸溉有灘名壘坻亦曰監溉李水所平地縣
治青衣江會衿帶二水矣即蜀王開明故治也來

敏本蜀論曰荆人鼈令死其尸隨水上荆人求之不得鼈令至汶山下邑復生起見望帝望帝者杜宇也從天下女子朱利自江源出爲宇妻遂王於蜀號曰望帝望帝立以爲相時巫山峽而蜀水不流帝使鼈令鑿巫峽通水蜀得陸處望帝自以德不若遂以國禪號曰開明縣南有峨眉山有濛水即大渡水也水發濛漢東南流與涐水合水出徼外逕汶江道呂忱曰涐水出蜀許慎以爲涐水也從水我聲南至南安入大渡水大渡水又東入江故山海經曰濛水出漢陽西入江灄陽西

又東南過僰道縣北若水淹水合從西來注之又東注水北流注

縣本僰人居之地理風俗記曰夷中最仁有仁道故字施而秦紀謂僰童之富也者其邑高后六年城之漢武帝感相如之言使縣令南通僰道費功無成唐蒙南入斬之乃鑿石開閣以通南中迄于建寧二千餘里山道廣丈餘深三四丈其鏨之迹猶存王莽更曰僰治也山多猶猢似猴而短足好遊巖樹一騰百步或三百丈順往倒返乘空若飛縣有蜀王兵蘭其神作大難江中崖峻阻險不可穿鑿李冰乃積薪燒之故其處懸巖猶有赤白玄黃五色焉赤白照水玄黃從焚來至此而止言畏崖嶼不更上也益部耆舊傳曰張貞妻黃氏女也名帛貞乘船覆沒求尸不得帛至沒處灘頭仰天

而歎遂自沈淵積十四日帛持貞手於灘下出時人爲說曰符有光洛焚道有張帛者也

江水又與符里水合

水出寧州南廣郡南廣縣縣故犍爲之屬縣也漢武帝太初元年置劉禪延熈中分以爲郡導源汾關山北水流有大步水注之出南廣縣北流注符里水又北逕僰道入江謂之南廣口渚水則未聞也

又東過江陽縣南洛水從三危山東過廣魏洛陽南東南注之

洛水出洛縣漳山亦言出梓潼縣栢山山海經曰三危在燉煌南與嶓山相接山南帶黑水又山海

經不言洛水所道經曰出三危山所未詳常璩云李冰道洛通山水流發瀑口逕什邡縣漢高帝六年封雍南爲侯國王莽更名曰美信縣也洛水又南逕洛縣故城南廣漢郡治也漢髙帝之爲漢王也發巴渝之士北定三秦六年乃分巴蜀置廣漢郡於乘鄉王莽之就信縣曰吾雒也漢安帝永初二年移治涪城後洛縣先是洛縣城南每陰雨常有哭聲聞於府中積數十年沛國陳寵爲守以亂世多死亡暴骸不葬故也乃悉收葬之哭聲遂絕劉備自將攻之龐士元中流矢死於此益州舊以蜀郡廣漢犍爲三蜀土地沃美人士儁乂爲一州稱望縣有沈鄉去江七里江士遊之所居詩至孝

母好飲江水嗜魚膾常以雞鳴遡流汲江子坐取水溺死婦恐姑知稱詩遊學冬夏衣服實投江流於是至孝上通洞泉泉出其舍側而有江之甘焉詩有田濵江澤鹵泉流所溉盡爲沃野又湧泉之中旦旦常出鯉魚一雙以膳焉可謂孝悌發於衿寸徽美著於無窮者也洛水又南逕新都縣蜀有三都謂成都廣都此其一焉與綿水合水西出綿竹縣又與湔水合亦謂之郫江也又言是涪水吕忱旦日湔然此二水俱與洛會矣又逕犍爲牛鞞水昔羅尚乘牛鞞水東征李雄謂此水也縣以漢武帝元封二年置又東逕資中縣又逕安漢縣謂之綿水也自上諸縣咸以溉灌故語曰綿洛爲浚

沃也綿水至江陽縣方山下入江謂之綿水口曰中水江陽縣枕帶雙流據江洛會也漢景帝六年封趙相蘇嘉爲侯國江中有大門小門焉季秋之月則黄鱗魚死漚也昔世祖微時過江陽縣有一子望氣者言江陽有貴兒象王亦求之而撩煞之後世祖怨爲子立祠於縣謫其民罰布數世楊雄琴清英曰尹吉甫子伯竒至孝後母譖之自投江中衣苔帶藻忽夢見水仙賜其美藥唯養親揚聲悲歌船人聞之而學之吉甫聞船人之聲疑似伯竒援琴作子安之操

江水逕漢安縣北

縣雖迫山川土地特美蠶魚鹽家有焉江陽郡治

也故犍爲岐江都尉建安十八年劉璋立

江水東逕樊石灘又逕大附灘

頻歷二險也

又東過符縣北邪東南鰼部水從符關東北注之

縣故巴夷之地也漢武帝建初六年以唐蒙爲中郎將從萬人出巴符關者也漢武元鼎二年立王莽之符信矣縣治安樂水會水源南通寧州平夷郡鼈縣北逕安縣界之東又逕符縣下北入江縣長趙祉遣吏光尼和以永建元年十一月詣巴郡沒死成濡灘子賢求喪不得女終年二十五歲有二子五歲以還至二年二月十五日尚不得喪終乃乘小船至父沒處哀哭自沈見夢告賢曰至二十一日與父俱出至日父子果浮出江上郡縣上言爲之立碑以旌孝誠也其鰼部之水所未聞矣或是水之殊目非所究也

又東北至巴郡江州縣東強水涪水漢水白水宕渠水水合南流注之

強水即羌水也宕渠水即潛水渝水矣巴水出晉昌郡宣漢縣巴嶺山郡隷梁州晉太康中立治漢中縣南去郡八百餘里故蜀巴西南流歷巴中逕巴郡故城南李嚴所築大城北西南入江庾仲雍所謂江州縣對二水口右則涪内水左則蜀外水即是水也江州縣故巴子之都也春秋桓公九年巴子使韓服告楚請與鄧好是也及七國稱王巴

亦王焉秦惠王遣張儀等救苴侯於巴儀貪巴苴之富因執其王以歸以置巴郡焉巴治江州漢獻帝初平元年分巴爲三郡於江州則永寧郡治也至建安六年劉璋納蹇胤之訟復爲巴郡以嚴顔爲守顔見先主入蜀歎曰獨坐窮山放虎自衛此即拊心處巴漢世郡治江州巴水北北府城是也後乃徙南城劉備初以江夏費觀爲太守領江州都督後都護李嚴更城周一十六里造倉龍白虎門求以五郡爲巴州治丞相諸葛亮不許競不果地勢側嶮皆重屋累居數有火害又不相容結舫水居者五百餘家承三江之會夏水增盛壞散顛沒死者無數縣有官橘官荔芰園夏至則熟二千

石常設厨膳命士大夫共會樹下食之縣北有稻田出御米也縣下又有清水穴巴人以此水爲粉則鰝曜鮮芳貢粉京師因名粉水故世謂之爲江州墮林粉粉水亦謂之爲立水矣江水北岸有塗山南有夏禹廟塗君祠廟銘存焉常璩仲雍並言禹娶於此余按羣書咸言禹娶在壽春當塗不於此也

又江水東至枳縣西延江從牂牁郡北流西屈注之

東逕陽關巴子梁江之兩岸猶有梁處巴之三關斯爲一也延熙中蜀車騎將軍鄧芝爲江州都督治此江水又東右逕黃葛峽山高嶮全無人居江水又左逕明月峽東至梨鄉歷雞鳴峽江之兩岸

有枳縣治華陽記曰枳縣在江州巴郡東四百里
治涪陵水會庾仲雍所謂有別江出武陵者也水
乃延江之枝津分水北注逕涪陵入江故亦云涪
陵水也其水南道武陵郡昔司馬錯泝舟此水取
楚黔中地延熙中鄧芝伐徐巨射玄猨於是縣猨
自拔矢卷木葉塞射瘡芝歎曰傷物之生吾其死
矣江水又東逕涪陵故郡北後乃幷巴郡遂罷省
江又東逕文陽灘灘險難上江水又東逕漢平二
百餘里左自涪陵東出百餘里而屆于積石東爲
桐柱灘

又逕東望峽東歷平都

峽對豐民洲舊巴子別都也華陽記曰巴子雖都

江平州又治平都即此處也有平都縣爲巴郡之
隷邑矣縣有天師治兼建佛寺甚清靈縣有市肆
四日一會

江水又逕虎鬚灘

灘水廣大夏斷行旅

江水又東逕臨江縣南

王莽之鹽江縣也華陽記曰縣在枳東四百里東
接朐忍縣有鹽官自縣北入鹽井溪有鹽井營戶

沿注溪井水

江水又東得黃華水口

江浦也

左逕石城南

庾仲雍曰臨江至石城黃華口一百里

又東至平洲

洲上多居民

又東逕壤塗而歷和灘又東逕界壇是地巴東之西界益州之東境故得是名也又東

過魚復縣南夷水出焉

江水又東右得將龜溪口

華陽記曰朐忍縣出靈龜咸熈元年獻龜於相府言出自此溪也

江水又東會北集渠

二溪水涪陵縣界謂之于陽溪北流逕巴東郡之南浦僑縣西溪夾側鹽井三口相去各數十步以木爲桶徑五尺修煮不絕水北北流注於江謂之南集渠口亦曰于陽溪口北水出新浦縣北高梁山分溪南水逕其縣西又南一百里入朐忍縣南入于江謂之北集渠口別名班口又曰分水口朐忍尉治此

江水又右逕池溪口

蓋江汜決入也

江水又東逕石龍

水至于博陽二村之間有盤石廣四百丈長六里而復殆于岨塞江川夏沒冬出基亘通渚

又東逕羊腸虎臂灘

楊亮爲益州至此而覆徵其波瀾蜀人至今猶名

江水又東逕南鄉峽東逕永安宮南

劉備終於此諸葛亮受遺處也其閒平地可二十許里江山迴闊入峽所無城周十餘里背山面江頹墉四毀荆棘成林左右民多墾其中

江水又東逕諸葛亮圖壘南

石磧平曠望兼川陸有亮所造八陣圖東跨故壘皆累細石爲之自壘西去聚石八行行間相去二丈因曰八陣旣成自今行師庶不覆敗皆圖兵勢行藏之權自後深識者所不能了今夏水漂蕩歲月消損高處可二三尺下處磨滅殆盡

江水又東逕赤岬西

是公孫述所造因山據勢周迴七里一百四十步

東高二百丈西北高一千丈南連基白帝山甚高大不生樹木其石悉赤土人云如人袒胛故謂之赤岬山淮南子曰傍徨於山岬之旁注曰岬山脅也郭仲產曰斯名將因此而興矣

江水又東逕魚復縣故城南

故魚國也春秋左傳文公十六年庸與羣蠻叛楚莊王伐之七遇皆北唯裨儵魚人逐之是也地理志江關都尉治公孫述名之爲白帝取其王巴蜀章武二年劉備爲吳所破改白帝爲永安巴東郡治也漢獻帝初平元年分巴爲三郡以魚復爲故陵郡趙僞訴劉璋改爲巴東郡治白帝山城周回二百八十步北緣馬嶺接赤甲山其間平處南北

相去八十五丈東西十七丈又東傍東瀼溪即以爲隍西南臨大江闚之眩目唯馬嶺小差委迤猶斬爲路羊腸數四然後得上益州刺史鮑陋鎮此爲譙道福所圍城裏無泉乃南開水門鑿石爲函道上施木天公直下至江中有似猨臂相牽引汲然後得水水門之西江中有孤石爲淫預石冬出水二十餘丈夏則沒亦有裁處矣縣有夷溪即狼山清江也經所謂夷水出焉

江水又東逕廣溪峽

斯乃三峽首也其間三十里頹巖倚木厥勢殆交此岸山上有神淵淵北有白鹽崖高可千餘丈俯臨神淵土人見其高白故因名之天旱燃木崖上

推其灰燼下穢淵中尋則降雨常璩曰縣有山也清水又東南逕士林東戍名也戍有邸閣水左有豫章大陂下灌良疇三千許頃也

西過鄧縣東

江水自關東逕弱關捍關縣故鄧侯吾離之國也楚文王滅之秦以爲縣清水右合濁水俗謂之弱溝水上承白水於朝陽縣東南流逕鄧縣故城南習鑿齒襄陽記曰楚王至鄧之濁水去襄陽二十里即此水也濁水又東逕鄧塞者即鄧城東南小山也先後呂之爲鄧塞昔孫文臺破黃祖於其下濁水東流注于淯淯水又南逕鄧塞東又逕鄾城東古鄾子國也蓋鄧之南鄙也昔巴子請楚與鄧爲好鄾人奪其幣即是邑

也司馬彪以爲鄧之鄾聚矣
南入于汚溵水出溵强縣南澤中東入潁
溵水出潁川陽城縣少室山東流注于潁水而亂
流東南逕臨潁縣西北小溵水出焉東逕臨潁縣
故城北溵水又東逕溵陽城北又東逕溵强縣故
城南建武元年世祖封揚化將軍堅鐔爲侯國溵
水東爲陶樞陂余案溵陽城在溵水南然則此城
正應爲溵陰城而有溵陽之名者明在南猶有溵
水故此城以陽爲名矣潁水之南有二瀆其南瀆
東南流行歷臨潁亭西東南入汝今無水也疑即
溵水之故瀆矣汝水於奇領城兵别東派時人謂
澤水神旱時鳴鼓請雨則必應嘉澤蜀都賦所謂
應鳴鼓而興雨也峽中有瞿塘黄龕二灘夏水迴
復沿泝所忌瞿塘灘上有神廟尤至靈驗刺史二
千石逕過皆不得鳴角伐鼓商旅上水恐觸石有
聲乃以布裹篙足今則不能爾猶饗薦不輟此峽
多猨猨不生北岸非唯一處或有取之放著北山
中初不聞聲將同狢獸渡汶而不生矣其峽蓋自
昔禹鑿以通江郭景純所謂巴東之峽夏后疏鑿
者又東出江關入南郡界
江水自關東逕弱關捍關
捍關廩君浮夷水所置也弱關在建平秭歸界昔
巴楚數相攻伐籍險置關以相防捍秦兼天下置
立南郡自巫上皆其城也又東過巫縣南鹽水從

縣東南注流之

江水入東烏飛水注之

水出天門郡漊中縣界北流逕建平郡沙渠縣南又北流逕巫縣南西北歷山道三百七十里注于江謂之烏飛口

水經卷第三十三

水經卷第三十四

漢桑欽撰　後魏酈道元注

江水二

江水又東逕縣故城南

縣故楚之巫郡也秦省郡立縣以隸南郡吳孫休分爲建平郡治巫城城緣山爲墉周十二里一百一十步東西北三面皆帶傍深谷南臨大江故謂之夔國也

江水又東巫溪水注之

溪水道源梁州晉興郡之宣漢縣東入南逕建平郡泰昌縣南又北井縣西東轉歷其縣北井南有鹽井井在縣北故縣名北井建平一郡之所資也

鹽水下通巫溪溪水是兼鹽水之稱矣溪水又南屈逕巫縣東縣之東北三百步有聖泉謂之孔子泉其水飛清潔石穴並高泉下注溪水溪水又南入于大江

江水又東逕巫峽

杜宇所鑿以通江水也郭仲產云按地理志巫山在縣西南而今縣東有巫山將郡縣居治無恒故也

江水歷峽東逕新崩灘

此山漢和帝永元十三年崩晉太元二年又崩當崩之日水逆流百餘里湧起數十丈今灘上有石或圓如簞或方似屋若此者甚衆皆崩崖所隕致

怒端流故謂之新崩灘其頽巖所餘比之諸嶺尚
爲竦桀其下十餘里有大巫山非惟三峽所無乃
當抗峯岷峨偕嶺衡疑其翼附群山並槩青雲更
就霄漢辯其優劣耳神血涂所處山海經曰夏后
啓之臣曰血涂是司神于巴巴人訟于血涂之所
其衣有血者執之是謂生居山上郭景純在丹山
西丹山在丹陽屬巴丹山西即巫山者也又帝女
居焉宋玉所謂天帝之季女名曰瑤姬未行而亡
封于巫山之臺精魂爲草寔爲靈芝所謂巫山之
女高唐之姬旦爲行雲暮爲行雨朝朝暮暮陽臺
之下旦早視之果如其言故爲立廟號朝雲焉其
間首尾一百六十里謂之巫峽蓋因山爲名也自

三峽七百里中兩岸連山略無闕處重巖疊嶂隱
天蔽日自非停午夜分不見曦月至於夏水襄陵
沿泝阻絶王命急宣有時朝發白帝暮到江陵其
間千二百里雖乗奔御風不以疾也春冬之時則
素湍淥潭迴清倒影絶巘多生檉栢懸泉瀑布飛
漱其間清榮峻茂良多趣謂每至晴初霜旦林寒
澗肅常有高猿長嘯屬引淒異空谷傳響哀轉久
絶故漁者歌曰巴東三峽巫峽長猿鳴三聲淚沾
裳

江水又東逕石門灘

灘北岸有山山上合下開洞達東西緣江步路所
由劉備爲陸遜所破是逕此門追者甚急備乃燒

斷鎧道孫桓爲遜前驅奮不顧命斬上夔道截其
要徑備踰山越嶮僅乃得免忿恚而嘆曰吾昔至
京桓尚小兒而今迫孤乃至於此遂發憤而薨矣

又東過秭歸縣之南

縣故歸矣地理志曰歸子國也樂緯曰昔歸典叶
聲律宋忠曰歸卽夔歸鄉蓋夔鄉矣古楚之嫡嗣
有熊摯者以廢疾不立而居于夔爲楚附庸後王
命爲夔子春秋僖公二十六年楚以其不祀滅之
者也袁崧曰屈原有賢姊聞原放逐亦來歸喻令
自寬全鄉人冀其見從因名曰秭歸卽離騷所謂
女須嬋媛以詈余也縣城東北依山卽坂周迴二
里高一丈五尺南臨大江古老相傳謂之劉備城

蓋備征吳所築也縣東北數十里有屈原舊田宅
雖畦堰縻漫猶保屈田之稱也縣北一百六十里
有屈原故宅累石爲屋基名其地曰樂平里宅之
東北六十里有須廟擣衣石猶存故宜都記曰秭
歸蓋楚子熊繹之始國而屈原之鄉里也原田宅
于今具存指謂此也

江水又東逕城北

其城憑嶺作固二百一十步夾溪臨谷據山枕江
北對丹陽城城據山跨阜周八里二百八十步東
北面兩悉臨絕澗西帶亭下溪南枕大江嶮峭壁
立信天固也楚子熊繹始封丹陽之所都也地
理志以爲吳子之丹陽論者云尋吳楚悠隔繿縷

荊山無容遠在吳境是爲非也又楚先王陵墓
在其間蓋爲徵矣
江水又東南逕夔城南
跨據川阜周迴一里百一十八步西北皆枕深谷
東帶鄉溪南側大江城内西北角有金城東北角
有員土獄西南角有石井口徑五尺熊摯始治巫
城後疾移北蓋夔徙也春秋左傳僖公二十六年
楚令尹子玉城夔者也服虔曰在巫之陽秭歸歸
鄉矣
江水又東逕歸鄉縣故城北
袁崧曰父老傳言原既流放忽然暫歸鄉人喜悅
因名曰歸鄉抑其山秀水清故出携異地嶔流疾

故其性亦隘詩云惟岳降神生甫及申信與余謂
袁崧此言可謂因事而立證恐非名縣之本旨矣
縣城南面重嶺北背大江東帶鄉口溪溪源出縣
東南數百里西北入縣逕狗峽西峽崖龕中石隱
起有狗形形狀具足故以狗名峽鄉口溪又西北
逕縣下入江謂之鄉口也
江水又東逕信陵縣南
臨大江東傍深溪溪源北發梁州上庸縣界南流
逕縣下而注于大江也
江水又東過夷陵縣南
江水自建平至東界峽盛弘之謂空冷峽峽甚高
峻即宜都建平二郡界也其間遠望交嶺表有五

其大司徒任滿翼江王田戎將兵萬據嶮爲浮橋

所陷也

江水又東逕故城北

所謂陸抗城也城卽此爲墉四面天險江南岸有山孤秀從江中仰望壁立峻絕袁崧爲郡嘗登之矚望焉故其記云今自山南上至其嶺嶺容十許人四面望諸山略盡其勢俯臨大江如縈帶焉視舟如鳧鴈矣北對夷陵縣之故城城南臨大江秦令白起伐楚三戰而燒夷陵者也應劭曰夷山在西北蓋因山以名縣也王莽改曰居利吳黃武元年更名西陵也後復夷陵縣北三十里有石穴名曰馬穿嘗有白馬出穴食人逐之入穴潛行出漢中漢中人失馬亦嘗出此穴相去數千里袁崧言江北多連山登之望江南諸山數十百重莫識其

名高者千仞多奇形異勢自非煙褰雨霽不辨見此遠山矣余嘗往返十許過正可再見遠峯耳

江水又東逕白鹿巖

沿江有峻壁百餘丈猨所不能遊有一白鹿陵峭登崖乘巖而上故世名此巖爲白鹿云

江水又東歷荆門虎牙之閒

荆門在南上合下開闇徹山南有門像虎牙在北石壁色紅閒有白文類牙形並以物像受名此二山楚之西塞也水勢急峻故郭景純江賦曰虎牙桀豎以屹崒荆門闕竦而盤薄圖淵九迴以懸騰溢流雷呴而電激者也漢建武十一年公孫述遣

年巴人伐楚楚子禦之大敗於津鄉應劭曰南郡
江陵有津鄉今則無聞矣郭仲產云尋楚禦巴人
枝江是其塗便此津鄉殆即其地也盛引之曰縣
舊治沮中後移出百里洲西去郡一百六十里縣
左右有數十洲槃布州中其百里洲最爲大也中
桑田甘果映江依洲自縣西至上明東及江津其
中有九十九洲楚彦云洲不出王者桓玄
有問鼎之志乃增一洲以充百數僣號數旬宗滅
身屠及其傾敗洲亦消毀今上在西忽有一洲自
生沙流迴薄成不淹時其後未幾龍飛江漢矣縣
東二里有縣人劉凝之故宅凝之字志安兄盛公
高尚不仕凝之慕老萊嚴子陵之爲人立屋江湖

非力不食妻梁州刺史郭全女亦能安貧宋元嘉
中夫妻隱于衡山終焉不返矣縣東北十里土臺
北岸有迤洲長十餘里義熈初武烈王斬桓謙處
縣東南二十里富城洲上有道士范僧精廬自言
巴東人少遊荆土而多槃桓縣界惡衣麁食蕭散
自得言來事多驗而辭不可詳人心欲見歘然而
對貌言尋求終弗遇也雖逕跨諸洲而舟人未嘗
見其濟涉也後東遊廣陵卒於彼土僧本洲無定
止處宿憩一小巷而已弟子慕之於其昔遊共立
精舍以存其人縣有陳留王子香廟頌子香於漢
和帝之時出爲荆州刺史有惠政天子徵之道卒
枝江亭中常有三白虎出入人間送喪踰境百姓

追美甘棠以永元十八年立廟設祠刻石銘德號
曰枝江白虎王君其子孫世今猶謂之爲白虎王

江水又東會沮口

楚昭所謂江漢沮漳楚之望也

又南過江陵縣南

縣江有洲號曰枝迴洲江水自此兩分而爲南北江也北江有故鄉洲元興之末桓玄西奔毛祐之與參軍費恬射玄於此洲玄子昇年六歲輒拔去之王昭之云玄之初奔也經日不得食左右進麤粥咽不下昇抱玄胷撫之玄悲不自勝至此益州都護馮遷斬玄於此州斬昇於江陵矣下有龍洲洲東有寵洲二洲之間世擅多魚矣漁者投罟歷

網徃徃繼絕有潛客泳而視之見水下有兩石牛嘗爲罾害矣故漁者莫不擊浪浮舟鼓枻而去矣其下謂之郿里洲洲有高沙湖湖東北有小水通江名曰曾口

江水又東逕鷰尾洲

北合靈溪水水無泉源上承散水合成大溪南流注江江溪之會有靈溪戍背阿面江西帶靈溪故戍得其名矣

江水東得馬牧口

江水斷洲通會

江水又東逕江陵縣故城南

禹貢荆及衡陽惟荆州蓋卽荆山之稱而制州名

矣故楚也子革曰我先君僻處荊山以供王事遂遷紀郢今城楚船官地也春秋之渚宮矣秦昭襄王二十九年使白起拔鄢郢以漢南地而置南郡焉周書曰南國名也南氏有二臣力鈞勢敵競進爭權君弗能制南氏用分為二南國也按韓嬰叙詩云其地在南郡南陽之間呂氏春秋所謂禹自塗山南省南土者也是郡取名焉後漢景帝以為臨江王榮國王坐侵廟垣地為宮被徵升車出北門而軸折父老竊流涕曰吾王不還矣自後北門不開蓋由榮非理終也漢景帝二年改為江陵縣王莽更名南順縣曰江陵舊城關羽所築羽北圍曹仁呂蒙襲而據之羽曰此城吾所築不可攻也

乃引而退杜元凱之攻江陵也城上人以瓠繫狗頸示之元凱病癭故也及城陷殺城中老小血流沾足論者以此薄之江陵城地東南傾故緣以金堤自靈溪始桓温令陳遵造遵善於防攻使人打鼓遠聽之知地勢高下依傍創築略無差矣城西有栖霞樓俯臨通隍吐納江流城南有馬牧城西側馬徑此洲始自牧迴下迄於此長七十餘里洲上有奉城故江津長所治舊主度州郡貢於洛陽因謂之奉城亦曰江津戍也戍南對馬頭岸昔陸抗屯此與羊祜相對大弘信義談者以為華元子反復見於今矣北對大岸謂之江津口故洲亦取名焉江大自此始也家語曰江水至江津非方舟

水經卷第三十五

漢桑欽撰　後魏酈道元注

江水三

又東至華容縣西夏水出焉

江水左迤爲中夏水右則中郎浦出焉江浦右迤南派曲而極水曲之地勢世謂之江曲者也

又東南當華容縣南湧水出焉

江水又東涌水注之

水自夏水南通於江謂之涌口春秋所謂閻敖游涌而逸於二水之間者也

江水又逕南平郡孱陵縣之樂鄉城北

吳陸抗所築後王濬攻之獲與水軍督陸景於此渚也

又東南油水從西南來注之又東右合油口

又東逕公安縣北

劉備之奔江陵使築而鎮之曹公聞孫權以荊州借備臨書落筆杜預尅定江南罷華容置之謂之江安縣南郡治矣以華容之南鄉爲南郡晉太康元年改曰南平也縣有油水水東有景口口即武陵郡界景口東有淪口淪水南與景水合又南通澧水及諸陂湖北是淵也相接悉是南蠻府屯也故側江有大城相承云倉諸城即邸閣也

江水左會高口

江浦也對黃州

江水又東得故市口

水與高水通也

江水又右逕楊岐北山

山抗大江山東有城故華容縣尉舊治也

大江又東左合子夏口

江水左迤北出通於夏水故曰子夏也

大江又東左得侯臺水口

江浦也

大江右得龍穴水口

江浦右迤也北對虎洲又洲北有龍巢地名也昔禹南濟江黃龍夾舟舟人五色無主禹笑曰吾受命於天竭力養民生死命也何憂龍哉於是二龍

弭鱗掉尾而去焉故水地取名矣

江水自龍巢而東俞口

夏水泛盛則有冬無之江水北岸上有小城故監縣尉治也

又東得清揚土塢二口

江浦也

大江右逕石首山北又東逕赭要

赭要洲名在大江中次北湖洲下

江水左得飯筐上口

秋夏水通下口間相距三十餘里赭要下即楊子洲在大江中二洲之間常苦蛟害昔荆佽飛濟此遇兩蛟斬之自後罕有所患矣江之右岸則涌水

右歷鴨蘭磯北江中也東得鴨蘭治浦二口夏浦
也
江水左逕止烏林南
村居地名也又東逕烏黎口江浦也即中烏林矣
又東逕烏林南吳黃蓋敗魏武於烏林即是處也
江水又東左得子練口
北通練浦又東合練口江浦也南直練洲練名所
以生也江之右岸得蒲磯口即陸口也水出下雋
縣西三山溪其水東逕陸城北又東逕下雋縣南
故長沙舊縣王莽之閏雋也宋元嘉十六年割隸
巴陵郡陸水又屈而西北流又逕其縣北北對金
城吳將陸渙所屯也陸水又入蒲圻縣北逕呂蒙
城西昔孫權征長沙零注所鎮也陸水又逕蒲磯
山北入大江謂之刀環口又東逕蒲磯山北對蒲
圻洲亦曰擎洲又曰南洲洲頭即蒲圻縣治也晉
太康元年置洲上有白面洲洲南又有湲口水出
豫章又縣東入蒲圻縣至沙陽西北魚嶽山入江
山在大江中楊子洲南孤峙中洲
江水左得中陽水口又東得白沙口
一名沙屯即麻屯口也本名蔑默口江浦矣南直
蒲圻洲水北入百餘里吳所屯也又逕魚嶽山北
下得金梁洲洲東北對淵淵一名淵步洲江濆從
洲頭以上悉壁立無岸歷專政至白沙方有浦止
甚難江中有沙陽洲沙陽縣治也縣本江夏之沙

羨矣晉太康中改曰沙陽縣宋元嘉十六年割隸
巴陵郡江之右岸有雍口亦謂之流口東北流之
長洋港東北流逕石子岡岡上有故城即州陵縣
之故城也莊辛所言左州侯國矣又東逕州陵新
治南王莽之江夏也港水東南流注于江謂之洋
口南對龍穴洲沙陽洲之下尾也洲裏有駕部口
宋景平二年迎文帝於江陵法駕頓此因以爲名
文帝車駕發江陵至此黑龍躍出負帝所乘舟左
右失色上謂長史王曇首曰乃夏禹所以受天命
矣我何德以堪之故有龍穴之名焉

江水東右得聶口

江浦也左對聶州

江水左逕百人山南

右逕赤壁山北昔周瑜與黄蓋詐魏武大軍所起
也

江水東逕大軍山南

山東有山屯夏浦江水左迤也江中有石浮出謂
之節度石石則塗水注之出江州武昌郡武昌縣
泰山西北流逕汝南僑郡故城南咸和中寇難南
逼戶口南渡因置斯郡治于塗口塗水歷縣西又
西北流注于江

江水又東逕小軍山南

臨側江津東有小軍浦

江水又東逕雞翅山北

山東即上城浦也
又東北至江夏沙羨縣西北沔水從北來注之
沌水上承陽縣之白湖東南流爲沌水逕陽縣南
注于江謂之沌口有陽都尉治晉永嘉六年王敦
以陶侃爲荊州鎮此明年徙林鄣
江水又東逕歎父山南對歎州
亦曰炭步矣江之右岸當鸚鵡洲南有江水右迤
謂之驛渚三月以宋水下通樊口水
江水又東逕魯山南
右翼際山也地說曰漢與江合于衡北翼際山傍
者也山上有吳江夏太守陸渙所治城蓋取二水
之名地理志曰夏水過郡入江夏也舊治安陸漢

高帝六年置吳乃徙此城中有晉征南將軍荊州
刺史胡奮碑又有平南將軍王世將刻石記征社
曾事有劉琦墓及廟也山左即沔水口矣沔左有
却月城然亦曰偃月壘戴監軍築故曲陵縣也後
乃沙羨縣治也昔魏將黃祖所守遣董襲陸統攻
而禽之禰衡亦遇害於此衡恃才倜儻肆狂狷於
無妄之世保身不足遇非其死可謂咎悔之深矣
江之右岸有船官浦歷黃鵠磯西而南矣直鸚鵡
洲之下尾江水溠曰洑浦是曰黃軍浦昔吳將黃
蓋軍師所屯故浦得其名亦商舟之所會矣船官
浦東即黃鵠山林間甚美譙郡戴仲若野服居之
山下謂之黃鵠岸岸下有灣目之爲鵠灣鵠山東

沛岸矣江右岸有秋口江浦也又得東烏石水出
烏石山南流注于江

江水右得黎磯北

亦曰黎岸也山東有夏浦又東逕上磧北山名也
仲雍謂之大小竹磧也北北岸峰火洲即與洲也北
對舉口仲雍作莒字得其音而忘其事非也舉水
出龜頭山西北流逕龍戍南梁定州治蠻田超秀
爲刺史舉水又西流左合垂山之水水北出垂山
之陽與戈陽溮水同發一山故是水合之水之東
有南口戍又南逕方山戍西西流注于舉水文西
南逕梁司豫二州東蠻曰魯生爲刺史治湖陂城
亦謂之水城也舉水又西南逕顏城南又西南逕

齊安郡西倒水注之出黃武山南流逕白沙戍西
又東南逕梁達城戍西東南合舉水舉水又南東
歷赤亭下又謂之赤亭水又分爲二水南流注于
江謂之舉洲南對舉洲春秋左傳定公四年吳楚
陳于伯舉京相璠曰漢東地矣夏有洰水或作舉
疑即此也左水東南流入于江虎曰文方口江之
右岸有鳳鳴口江浦也浦側有鳳鳴戍

江水又東逕邾縣故城南

楚宣王滅邾徙居于此故曰邾也漢高帝三年項
羽封吳芮爲衡山王都此晉咸和中庾翼爲西陽
太守分江夏立四年豫州刺史毛寶西陽太守樊
俊共鎭之爲石虎將張格度所陷自爾丘墟焉城

南對蘆州舊吳時客舍於洲上方便謂所止焉亦
謂之羅州矣

鄂縣北江水右得樊口

庾仲雍江水記云谷里袁口江津南入歷樊山上
下三百里通新興馬頭二治樊口之北有灣昔孫
權裝大船名之曰長安亦曰大舶載坐直之士三
千人與群臣泛舟江津屬値風起權欲西取蘆州
谷不從利乃拔刀急上令取樊口薄舶船至岸而
敗故名其處爲敗舶灣因鑿樊山爲路以上人卽
名其處爲吳造峴在樊口上一里今厥處尚存

江水又左逕赤鼻山南

山臨側江川

又東逕西陽郡南郡治卽西陽縣也

晉書地道記以爲弦子國也

江之右岸有鄂縣故城

舊樊楚也世本稱熊渠封其中子之名某者爲鄂
王晉太康地記以爲東鄂矣九州記曰鄂今武昌
也孫權以魏黃初元年中自公安徙此改曰武昌
縣鄂縣徙治於袁山東又以其年立爲江夏郡分
建業之民千家以益之至黃龍元年權遷都建業
以陸遜輔太子鎭武昌縣皓亦都之皓還東令滕
牧守之晉惠帝永平中始置江州傳綜爲刺史治
此城後太尉庾亮之所鎭也今武昌郡治城南有
袁山卽樊山也武昌記曰樊口南有大姥廟孫權

水經卷第三十六

漢桑欽撰　後魏酈道元注

青衣水　洹水　若水　沫水

延江水　沅西水　存水　温水

青衣水出青衣縣西蒙山東與沫水合也

縣故有青衣羌國也竹書紀年梁惠成王十年瑕陽人自秦道岷山青衣水來歸漢武帝天漢四年分沈黎郡西部都尉青衣之王漢公孫述之有蜀也青衣不服世祖嘉之建武十九年以爲郡安帝延光元年置蜀郡屬國都尉青衣王子心慕漢制上求内附順帝陽嘉二年改曰漢嘉此良臣也縣有蒙山青衣所發東逕其縣與沫水會於嶲郡之

靈關道青衣水又東邛水注之水出漢嘉嚴道邛來山東至蜀郡臨邛縣東入青衣水

至犍爲南安縣入于江

青衣水逕平鄉謂之平鄉江益州記曰平鄉江東逕峨眉山在南安縣界去成都南千里然秋日清澄望見兩山相守如峨眉焉青衣水又東流注于大江

桓水出蜀郡岷山西南行羌中入于南海

尚書禹貢岷嶓既藝沱潛既道蔡蒙旅平和夷底績鄭玄曰和上夷所居之地也和讀曰洹地志曰洹水出蜀郡蜀山西南行羌中者也尚書又曰西傾因桓是來馬融王肅云西治傾山唯因桓水是

水言無他道也余按經據書岷山西傾俱有桓水桓水出西傾山更無別流所導者唯自水耳浮於潛漢而達江沔故晉地道記曰梁州南至桓水西底黑水東限扞關今漢中巴郡汶山蜀郡漢嘉江陽朱提涪陵陰平廣漢新都梓潼犍爲武都上庸魏興新城皆古梁州之地自桓水以南爲夷書所謂和夷底績也然所可當者唯斯水與江耳桓水蓋二水之別名爲兩江之通稱矣鄭玄注尚書言織皮謂西戎之國也西傾雍州之山也雍戎二野之間人有事於京師者道當由此州而來桓是隴坂名其道盤桓旋曲而上故名曰桓是今其下民謂是坂曲爲盤也斯乃玄之別致恐乖尚書因桓

之義非浮潛入渭之文余考校諸書以具聞見今畧緝綜川流注沿之緒雖今古異容本其流俗粗陳所由然自西傾至葭萌入于西漢即鄭玄之所謂潛水者也自西漢遡流而屆于晉壽界阻漾枝津南歷罡穴迤邐而接漢沿此入漾書所謂浮潛而逾沔矣歷漢川至南鄭縣屬于褒水遡褒暨于衙嶺之南溪川皮灌于斜川屆于武功而北達于渭水此乃水陸之相關川流之所經復不乖禹貢入渭之宗實符尚書亂河之義也

若水出蜀郡旄牛徼外東南至故關爲若水也

山海經曰南海之內黑水之間有木名曰若木若水出焉又云灰野之山有樹焉青葉赤華厥名若

木生崑崙山西附西極也淮南子曰若木在建木
西木有十華其光照下地故屈原離騷天問曰羲
和未陽若華何光是也然若水之生非一所也黑
水之間厥木所殖水出其下故木受其稱焉若水
沿流間關蜀土黃帝長子昌意德劣不足紹承大
位降居斯水爲諸侯焉娶蜀山氏女生顓頊於若
水之野有聖德二十登帝位承少皥金官之政以
水德寳歷矣若水東南流鮮水注之一名州江大
度水出徼外至旄牛道南流入于若水又逕越嶲
大莋縣入繩繩水出徼外山海經曰巴遂之山繩
水出焉東南流分爲二水其一水枝流東出逕廣
柔縣東流注于江其一水南逕旄牛道至大莋與

若水合自下亦通謂之爲繩水矣莋夷也汶山曰
莋南中曰昆彌蜀曰邛漢嘉越嶲曰莋皆夷種也
南過越嶲邛都縣西直南至會無縣淹水東南流注
邛都縣漢武帝開邛莋置之縣陷爲池今因名爲
邛池南人謂之河河中有蛙嶲山有嶲水言越此
水以章休盛也後復反叛元鼎六年漢兵自越嶲
水伐之以爲越嶲郡治邛都縣王莽遣任貴爲領
戎大尹守之更名爲集嶲也縣故邛都國也越嶲
水即繩若矣似隨水地而更名矣又有温水冬夏
常熱其源可燖雞豚下湯沐洗能治宿疾昔李驤
敗李流於温水是也若水又逕會無縣縣有駿馬
河水出縣東高山山有天馬經厥跡存焉馬日行

千里民家馬牧之山下或產駿駒言是天馬子河
中有具子胎銅以羊祠之則可取也又有孫水焉
水出臺高縣即臺登縣也孫水一名白沙江南流
逕卭都縣司馬相如定西夷橋孫水即是水也又
南至會無入若水若水又南逕雲南郡之遂久縣
蜻蛉水入焉水出蜻蛉縣西東逕其縣下縣以氏
焉有石猪圻長谷中有石猪子母數千頭長老傳
言夷昔牧此一朝化爲石迄今夷人不敢往牧貪
水出焉蜻蛉水又東注于繩水繩水又逕三絳縣
西又逕姑復縣北對三絳縣淹水注之三絳一曰
小會無故經曰淹至會無往若水水又與母血水
合水出益州郡弄棟縣東農山母血谷北流逕三

絳縣南北入繩繩水又東涂水注之水出建寧郡
之牧靡縣南山縣山並即草以立名山在縣東北
焉句山南五百里山生牧靡可以解毒百世方盛
烏多侯食烏喙口中毒必急飛往牧靡山啄牧靡
以解毒也涂水導源牖谷西北流至越嶲入繩繩
水又逕越嶲郡之馬湖縣謂之馬湖江又左合卑
水縣而東流注馬湖江也
又東北至犍爲朱提縣西瀘江水
朱提山名也應劭曰在縣西南以氏焉犍爲屬國
也在郡南千八百許里建安二十年立朱提郡郡
治縣故城郡西南二百里得所綰堂琅縣西北行
上高山羊腸繩屈八十餘里或攀木而升或繩索

相牽而上緣陟者若將階天故袁休明巴蜀志云高山嵯峨巖石磊落傾側縈廻下臨峭壑行者扳緣牽援繩索三蜀之人及南中諸郡以爲至嶮有瀘津東去縣八十里水廣六七百步深十數丈多瘴氣鮮有行者晉明帝太寧二年李驤等侵越嶲攻臺登縣寧州刺史王遜遣將軍姚岳擊之戰于堂琅驤軍大敗岳追之至瀘水赴水死者千餘人遜以岳等不窮追怒甚髮上衝冠恰裂而卒案永昌郡有蘭倉水出西南博南郡漢明帝永平十二年置博南山名也縣以氏之其水東北流出博南山漢武帝時通博南山道渡蘭倉津土地絶遠行者苦之歌曰漢德廣開不濱渡博南越倉津渡蘭

倉爲作人山高四十里蘭倉水出金沙越人收以爲黃金又有光珠穴穴出光珠又有琥珀珊瑚黃白青珠也蘭倉水又東北逕不韋縣與類水合水出嶲唐縣漢武帝置類水西南流曲折又北流東至不韋縣注蘭倉水又東與禁水合水亦永昌縣而北逕其郡西水左右甚饒犀象山有鉤蛇長七八丈尾末有岐蛇在山澗水中以尾鉤岸上人牛食之此水傍瘴氣時惡氣中有物不見其形其作有聲中木則折中人則害名曰鬼彈惟十一月十二月差可渡正月至十月逕之無不害人故郡有罪人徙之禁防不過十日皆死也禁水又北注瀘津水又東逕不韋縣北而東北流兩岸皆高山數

百丈瀘峰最爲高秀孤高三千餘丈是山於晉太康中崩震動郡邑水之左右馬步之徑裁通而特有瘴氣三月四月逕之必死非此時猶令人悶吐五月以後行者差得無害故諸葛亮表言五月渡瀘幷日而食臣非不自惜也顧王業不可偏全於蜀故也益州記曰瀘水源出曲羅嶲下三百始曰瀘水兩峯有殺氣暑月舊不行故武侯以夏渡爲艱瀘水又下合諸水而總其目焉故有瀘江之名矣自朱提至僰道有水步道有黑水羊官水至嶮難三津之阻行者苦之故俗謂之語曰猶溪赤木盤蛇七曲盤羊烏櫳氣與天通看都濩泚住柱呼尹康降賈子老儋七里又有牛叩頭馬搏頰坂其

艱嶮如此也

又東北至僰道縣入于江

若水至僰道又謂之馬湖江繩水瀘水孫水淹水大渡水隨決入而納通稱是以諸書録記羣水或言入若又言注繩亦咸言至僰道入江正是異水沿注通爲一津更無別川可以當之水有孝子石西縣人有隗叔通者性至孝爲母給江膂水天爲出平石至江膂中今猶謂之孝子石可謂至誠發中而休應自天矣

沬水出廣柔徼外

縣有石紐鄉禹所生也今夷人共營之地方百里不敢居牧有罪逃野捕之者不逼能藏三年不爲

人得則共原之言八禹之神所祐之也
東南過旄牛縣北又東至越嶲靈道縣出蒙山南
靈道縣一名靈關道漢制夷狄曰道縣有銅山山
人有劉慈者大始九年黃龍二見于慈池縣令董
玄之率吏民觀之以白刺史王濬濬表上之晉朝
以護龍縣也沬水出汶山西東流過漢嘉郡南流
衝一高山山上合下開水逕其間山即蒙山也
東北與青衣水合
華陽國記曰二水於漢嘉青衣縣東合爲一川自
下亦謂之爲青衣水沬水又東逕開邦縣故平鄉也
晉初置沬水又東逕臨邛南而東出于江源縣也
東入于江

昔沬水自蒙山至南安西溷崖山脉漂疾故害舟
船歷代爲患蜀郡太守李冰發卒鑿平溷崖河神
贔怒冰乃操刀入水與神鬭遂平溷崖通正水路
開處即冰所穿也
延江水出犍爲南廣縣又東至牂牁鄨縣東屈北流
鄨縣故犍爲郡治也縣有犍山晉建興元年置平
夷郡縣有鄨水出鄨邑西不狼山東與温水合温
水一曰煖水出犍爲符縣而南入鄨水鄨亦出符
縣南與温水會闞駰謂之闞水俱南入鄨邑鄨水
於其縣而東注于延水延水又與漢水合出犍爲
漢陽道王莽之新通也山關谷東至鄨邑入延江
水也

酉水又東
出也兩縣相去水道可四百許里於酉陽合也
酉水東南至玩陸縣入于沅
存水出犍爲郁鄢縣
王莽之孱鄢也益州大姓雍闓反結壘於山繫馬

柳柱柱生成林今夷人名曰雍無梁林梁夷言馬
也周水自縣東南流逕牧靡縣北又東逕且蘭縣
北而東南出也
東南至鬱林定周縣爲周水
周水又東逕牂牁郡之無斂縣北而東南與無斂
水合矣水首受牂牁水東逕無斂縣爲無斂水又
東注于存水存水又東逕鬱林定周縣爲周水蓋
水變名也
又東北至潭中縣注于潭
温水出牂牁夜郎縣
縣故夜郎侯國也唐蒙開以爲縣王莽名曰同亭
矣温水自縣西北流逕談臺與迷水合水西出益

州郡之銅瀨矣談虜山東逕臺縣右注温水温水
又西逕昆澤縣南又逕味縣縣又滇國都也諸葛
亮討平南中劉禪建興元年分益州郡置建寧郡
於此水側皆是高山山水之間悉是木耳夷居語
言不同嗜欲亦異雖曰山居土差平和而無瘴毒
温水又西南逕須池於西北池周三百許里上源
深廣下流淺狹似如倒池故曰顛池也長老傳下
流淺言池中有神馬家馬交之則生駿駒日行五
百里晉太元十四年寧州刺史費統言晉寧郡滇
池縣兩神馬一白一黑盤戲河水之上有滇州元
封三年立益州郡治滇城劉禪晉寧郡治也温水又
西會水澤與葉榆僕水合温水又東南逕牂牁之

毋單縣建興中劉禪割屬建寧郡橋水注之水上承俞亢之南池縣治龍池洲周四十七里一名河水與邪龍分浦後立河陽郡治河陽縣縣在河源州上又有雲平縣並在州中橋水東流毋單縣注于温温水又東南興古郡之毋掇縣東王莽更名有掇也與南橋水出縣之橋山東流梁水注之梁水上承河水與俞元縣而東南逕興古之勝休縣王莽更名勝僰縣梁水又東逕毋掇縣左注橋水橋水又東注于温温水又東南逕律髙縣南劉禪建興三年分牂牁置興古治宛温縣晉書地道記治此温水又東南逕梁水郡南温水上合梁水故自下通得梁水之稱是以劉禪分興古之盤南置

郡於梁水縣也温東南逕鐔封縣北又逕來唯縣東而僕水右出焉

又東至鬱林廣鬱縣為鬱水

秦桂林郡也漢武帝元鼎六年更名鬱林郡王莽以為鬱平郡矣應劭地理風俗記曰周禮鬱人掌祼器凡祭醱賔客之祼事和鬱鬯以實樽彝鬱芳草也百草之華煑以合釀黑黍以降神者也或說今鬱金香是也一曰鬱人所貢因氏郡矣温水又東逕增食縣有文象水注之其水導源牂牁句町縣應劭曰故句町國也王莽以為從化文象水蒙水與盧唯水來細水伐水並自縣東歷蕃鬱至增食縣注于鬱水也

又東至領方縣東與斤南水合

縣有朱主水出臨塵縣東北流驤水注之水源上承牂牁水東逕增食縣而下注朱主水朱主水又東北逕臨塵縣王莽之監塵也縣有斤南水侵離水並逕臨塵東入領方縣流注鬱水

東北入于鬱

鬱水即夜郎豚水也漢武帝時有竹王興於豚水有一女子浣於水濵有三節大竹流入女子足閒推之不去聞有聲持破之得一男兒遂雄夷濮氏竹爲姓所損破竹於野成林王祠竹林是也王嘗從人止大石上命作羮從者白無水王以劒擊石出水今竹王水是也後唐蒙開牂牁斬竹王首夷

獠咸怨以竹王非血氣所生求爲立祠帝封三子爲侯及死配父朝今竹王三郎祠其神也豚水東北流逕談槁縣東逕牂牁郡且蘭縣謂之牂牁水水廣數里縣臨江上故且蘭侯國也一名頭蘭牂牁郡治也楚將莊蹻泝沅伐夜郎釋牂牁繫船因名且蘭爲牂牁矣漢武帝元鼎六年開王莽更名同亭在柱浦關牂牁亦江中兩山名也左思吳都賦云吐浪牂牁者也元鼎五年武帝伐南越發夜郎精兵下牂牁江同會番禺是也牂牁水又東南逕毋斂縣西毋斂水出焉又東驩水出焉又逕鬱林廣鬱縣爲鬱水又東北逕領方縣北又東逕布山縣北鬱林郡治也吳陸績謂子續曰從今以後

丈下者五六丈城開十三門凡殿南向屋宇二千一百餘間市居周繞岨峭地險林邑故兵器戰具悉在區粟多城壘自林邑王范胡達始秦餘徒民染同夷化日南舊風變易俱盡巢棲樹宿負郭接山榛棘蒲薄騰林拂雲幽煙冥緬非生人所安區粟建八尺表日影度南八寸自此影以南在日之南故以名郡望北辰星落在天際日在北故開北戶以向日此其大較也范泰古今善言曰日南張重舉計入洛正旦大會明帝問日南郡北向視日也重曰今郡有雲中金城者必不皆有其實日亦俱出於東耳至於風氣暄暖日影仰當官民居止隨情面向東西南北迴背無定人性凶悍果於

戰鬬便山習水不閑平地古人云五嶺者天地以隔內外況綿途於海衣顧九嶺而彌邈非復行路之逕岨信幽荒之冥域者矣壽泠水自西南東與盧容水合東注郎究究水所積下潭爲湖謂之狼湖浦口有秦時象郡墟域猶存自湖南望外通壽泠從郎湖入四會漕元嘉二十年以林邑頑凶歷代難化恃遠負衆慢威背德北寶既臻南金闕貢乃命偏將與龍驤將軍交州刺史檀和之陳兵日南脩文服遠二十三年揚旌從四會漕口入郎湖軍次區粟進逼圍城以飛梯雲橋懸樓登壘鉦鼓天作虎士電怒風烈火揚城摧衆陷斬區粟王范扶龍首十五以上戮截無赦樓閣雨血塡戶城觀

自四會南入得盧容浦口晉太康三年省日南部
屬國都尉以其所統盧容縣置日南郡及象林縣
之故治晉書地道記曰郡去盧容浦口二百里故
秦象林郡象林縣治也永和五年征西桓溫遣督
護滕畯率交會兵伐范文於舊日南之盧容縣爲
文所敗即是處也退次九真更治兵文被創死子
佛代立七年畯與交州刺史楊平復進軍壽冷浦
入頓郎湖討佛于日南故治佛蟻聚連壘五十餘
里畯平破之佛逃竄川藪遣大師面縛請罪軍門
遣武陳延勞佛子與盟而還康泰扶南記曰從林
邑至日南盧容浦口可二百餘里從口南發往扶
南諸國常從此口出也故林邑記曰盡紘滄之徼

遠極流服之無外地濱滄海衆國津逕鬱林南倉
通壽冷即一浦也浦上承交阯郡南都官塞浦林
邑記曰浦通銅鼓外越安定黃岡心口蓋籍度銅
鼓即越駱也有銅鼓因得其名馬援取其鼓以鑄
銅馬至鑿口馬援所鑿內通九真浦陽晉書地道
記九德郡有浦陽縣交州記曰鑿南塘者九真路
之所經也去州五百里建武十九年馬援所開林
邑記曰外越紀粟望都紀粟出浦陽渡便州至典
由渡故縣至咸驩咸驩屬九真咸驩已南麞麂滿
岡鳴咆命疇警嘯聒野孔雀飛翔蔽日籠山渡治
日至九德按晉書地道記有九德縣交州外城記
曰九德縣屬九真郡在郡之南與日南接蠻盧轝

居其地死子實綱代孫黨服從吳化定爲九德郡又爲隸之林邑記曰九德九夷所極故以名郡郡名所置周越裳氏之夷國周禮九夷遠極越裳白雉象牙重九譯而來自九德道類口水源從西北遠荒逕寧州界來也九德浦內逕越裳究九德究南陵究按晉書地道記九德郡有南陵縣置也竺芝扶南記山溪瀨中謂之究地理志曰郡有小水五十二并行大川皆究之謂也林邑記曰義熙九年交阯太守杜慧度造九眞水口與林邑王范胡達戰擒斬胡達二子虜獲百餘人胡達限五月慧度自九眞水歷都粟浦復襲九眞長圍跨山重柵斷浦驅象前鋒接刃城下連日交戰傷殺乃退地

理志曰九眞郡漢武帝元鼎六年開治胥浦縣王莽更之曰驩城也晉書地道記曰九眞郡有松原縣林邑記曰松原以西鳥獸馴良不知畏弓寡婦孤居散髮至老南移之嶺崒不喻仞倉庚懷春於其北翡翠熙景乎其南雖嚶讙接響城隔殊非獨步難遊俗姓塗分故也自南陵究出于南界蠻進得横山太和三年范文侵交州於横山分界度此景廟由門浦至古戰灣吳赤烏十一年魏正始元年交州與林邑於灣大戰初失區粟也渡盧容縣日南郡之屬縣也自盧容縣至無變越烽火至比景縣日中頭上影當身下與影爲比如淳曰故以比影名縣闞駰曰比讀蔭庇之庇影在已下言爲

身所庇也林邑曰渡庇景至朱吾朱吾縣浦今之封界朱吾以南有文狼人野居無室宅依樹止宿魚食生肉採香爲業與人交市若上皇之民矣縣南有文狼究下流逕通晉書地道記曰朱吾縣屬日南郡去郡二百里比縣民漢時不堪二千石長吏調求引屈都乾爲國林邑記曰屈都夷也朱吾浦內通無勞湖無勞究水通壽冷浦元嘉元年交州刺史阮彌之征林邑楊邁出婚不在奮威將軍阮謙之領七千人先襲區粟已過四會未入壽冷三日三夜無頓止處凝海直岸遇風火敗楊邁攜婚都部伍三百許船來相救援謙之遭風餘數船艦夜於壽冷浦裏相遇闇中大戰謙之手射楊邁

柂工船敗縱橫崑崙單舸接得楊邁謙之以風溺之餘制勝理難自此還渡壽冷至温公浦升平三年温放之征范佛於灣分界陰陽圻入新羅灣至焉下一名阿賁浦入彭龍灣隱避風波即臨邑之海渚元嘉二十三年交州刺史檀和之破區粟已飛旍蓋海將指典沖於彭龍灣上鬼塔與林邑大戰還渡典沖林邑入浦令軍水進持重故也浦西即林邑都也治典沖去海岸四十里處荒流之徼表國越裳之壃南秦漢象郡之象林縣也東濱滄海西際徐狼南接扶南北連九德後去象林林邑之號建國起自漢末初平之亂人懷異心象林功曹姓區有子名連攻其縣殺令自號爲王值世亂

離林邑遂立後乃襲代傳位子孫三國鼎爭朱有
所附吳有交土與之鄰接進侵壽冷以爲疆界自
區連以後國無文史失其纂代世數難詳宗胤滅
絶無復種裔外孫范熊代立人情樂推後熊死子
逸立有范文日南西捲縣夷師雅夷奴也文爲奴
時山澗牧羊於澗水中得兩鱧魚隱藏挾歸規欲
私食郎知檢求文大慙懼起託云將礪石還非爲
魚也郎至魚所見是兩石信之而去文始異之石
有鐵文入山中就石冶鍊鍜作兩刀舉刃向鄣因
祝曰鱧魚變化冶石成刀斫石鄣破者是有靈神
文當治此爲國君王斫不入者是刀無神靈進斫
石鄣如龍淵干將之斬蘆藁由是人情漸附今斫

石尚在魚刀猶存傳國子孫如斬蛇之劒也雅嘗
使文遠行商賈北到上國多所聞見以晉愍帝建
興中南至林邑教王范逸制造城池繕治戎甲經
始廟略王愛信之使爲將帥能得衆心文譖王諸
子或奔王乃獨立成帝咸和六年死無胤嗣文迎
王子於外國海行之水置毒椰子中飲而殺之遂
脅國人自立爲王取前王妻妾置高樓上有從已
者取而納之不從已者絶其飲食乃死江東舊事
云范文本揚州人少被掠爲奴賣墮交州年十五
六遇罪當得杖果怖因逃隨林邑賈人渡海遠去
夂入於王大被幸愛經十餘年王死文害王二子
詐殺侯將自立爲王威加諸國或夷推灣許口食

鼻飲或雕面鏤身脫裸種漢魏流靚咸爲其用建元二年攻日南九德九眞百姓奔迸千里無煙乃還林邑林邑西去廣州二千五百里城西南角高山長嶺連接天鄣嶺北接澗大源淮水出郍郍遠界三重長洲隱山繞西衛北迴東其嶺南開澗小源淮水出松根界上山壑流隱山繞南曲街迴東合淮流以注典沖其城西南際山東北瞰水重塹流浦周繞城下東南塹外因傍薄城東西橫長南北縱狹北邊西端迴折曲入城周圍八里一百步塼城二丈上起塼墻一丈開方隟孔上倚板板上層閣閣上架屋屋上構樓高者六七丈下者四五丈飛觀鴟尾迎風拂雲緣山瞰水騫翥嵬崿但制

造壯拙稽古夷俗城開四門東爲前門當兩淮渚濱於曲路有古碑夷書銘讃前王胡達之德西門當兩重塹北迴上山山西即淮流也南門渡兩重塹對溫公壘升平二年交州刺史溫放之殺交阯太守實別駕阮郎遂征林邑水陸累戰佛保城自守重求請服聽之今林邑東城南五里有溫公二壘是也北門濱淮路斷不通城內小城周圍三百二十步合堂瓦殿南壁不開兩頭長屋脊出南北南擬背曰西區城內石山順淮面陽開東向殿飛檐鴟尾青瑣丹墀棟桷椽多諸古法閣殿上柱高城上餘五牛屎爲埿墻壁青光迴度曲掖綺牖紫牕椒房嬪媵無別宮觀路寢永巷共在殿上臨踞